Impressum
Verlag: BABADADA GmbH, Nedderfeld 112 , 22529 Hamburg
Geschäftsführer / Verlagsleitung: Harald Hof
Druck: Books on Demand GmbH, In de Tarpen 42, 22848 Norderstedt

Imprint
Publisher: BABADADA GmbH, Nedderfeld 112 , 22529 Hamburg, Germany
Managing Director / Publishing direction: Harald Hof
Print: Books on Demand GmbH, In de Tarpen 42, 22848 Norderstedt, Germany

classroom
osztályterem

divide
oszt

186/2

board
asztal

school yard
iskolaudvar

teacher
tanár

paper
papír

write
írni

pen
toll

desk
íróasztal

ruler
vonalzó

book
könyv

pupil
tanuló

satchel

iskolatáska

pencil case

tolltartó

pencil

ceruza

pencil sharpener

ceruzahegyező

rubber

radír

drawing pad

rajzfüzet

drawing

rajz

paintbrush

ecset

paint box

festőkészlet

scissors

olló

glue

ragasztó

exercise book

munkafüzet

homework

házi feladat

number

szám

add

összead

subtract

kivon

multiply

szoroz

calculate

számol

letter

betű

alphabet

ABC

word

szó

text

szöveg

read

olvasni

chalk

kréta

lesson

tanóra

register

napló

exam

vizsga

certificate

bizonyítvány

school uniform

iskolai egyenruha

education

oktatás

encyclopedia

enciklopédia

university

egyetem

microscope

mikroszkóp

map

térkép

waste-paper basket

papír-hulladék gyűjtő

hotel
hotel

hostel
szállás

bureau de change
valutaváltó iroda

suitcase
böröND

car
autó

language

nyelv

yes / no

igen/nem

Okay

rendben

hello

szia

translator

fordító

Thank you

köszönöm

how much is...?

mennyibe kerül...?

I do not understand

nem értem

problem

probléma

Good evening!

Jó estét!

Good morning!

jó reggelt!

Good night!

jó éjszakát!

bye bye

viszontlátásra

direction

útirány

luggage

poggyász

bag

táska

backpack

hátizsák

guest

vendég

room

szoba

sleeping bag

hálózsák

tent

sátor

tourist information

turista információ

beach

strand

credit card

hitelkártya

breakfast

reggeli

lunch

ebéd

dinner

vacsora

ticket

jegy

lift

lift

stamp

bélyeg

border

határ

customs

vám

embassy

nagykövetség

visa

vízum

passport

útlevél

travel - utazás

7

aeroplane
repülőgép

ship
hajó

fire engine
tűzoltóautó

bus
busz

truck
tehergépkocsi

motorboat
motorcsónak

bike
bicikli

car
autó

ferry
komp

boat
csónak

motorbike
motorkerékpár

police car
rendőrautó

racing car
versenyautó

rental car
bérautó

car sharing

telekocsi

breakdown truck

vontató

refuse truck

szemetes autó

motor

motor

fuel

üzemanyag

petrol station

benzinkút

traffic sign

közlekedési tábla

traffic

forgalom

traffic jam

forgalmi dugó

car park

parkoló

train station

vonatállomás

tracks

sínek

train

vonat

tram

villamos

carriage

vagon

helicopter

helikopter

airport

repülőtér

tower

torony

passenger

utas

container

konténer

carton

kartondoboz

cart

taliga

basket

kosár

take off / land

felszáll / leszáll

city
város

village

falu

city centre

városközpont

house

ház

Top illustration labels:

cinema
mozi

advert
hirdetés

street lamp
utcai lámpa

CINEMA

street
utca

taxi
taxi

snack shop
újságosbódé

pedestrian
gyalogos

pavement
járda

crossing
kereszteződés

zebra crossing
gyalogos átkelő

bin
szemetes

traffic lights
közlekedési lámpa

hut

kunyhó

flat

lakás

train station

vonatállomás

town hall

városháza

museum

múzeum

school

iskola

city - város

11

university

egyetem

bank

bank

hospital

kórház

hotel

hotel

pharmacy

gyógyszertár

office

iroda

book shop

könyvesbolt

shop

üzlet

florist's

virágüzlet

supermarket

szupermarket

market

piac

department store

áruház

fishmonger's

halárus

shopping centre

bevásárló központ

harbour

kikötő

park

park

bench

pad

bridge

híd

stairs

lépcsö

underground

metró

tunnel

alagút

bus stop

buszmegálló

bar

bár

restaurant

étterem

postbox

postaláda

street sign

utcatábla

parking meter

parkoló óra

zoo

állatkert

swimming pool

uszoda

mosque

mecset

farm
gazdálkodás

pollution
környezetszennyezés

graveyard
temető

church
templom

playground
játszótér

temple
szentély

landscape
táj

leaf
levél

signpost
útjelző tábla

way
út

meadow
rét

stone
kő

tree
fa

hiker
túrázó

river
folyó

grass
fű

flower
virág

valley

völgy

hill

domb

lake

tó

forest

erdő

desert

sivatag

volcano

vulkán

castle

kastély

rainbow

szivárvány

mushroom

gomba

palm tree

pálmafa

mosquito

szúnyog

fly

légy

ant

hangya

bee

méhecske

spider

pók

beetle

bogár

frog

béka

squirrel

mókus

hedgehog

sündisznó

hare

nyúl

owl

bagoly

bird

madár

swan

hattyú

boar

vaddisznó

deer

szarvas

moose

rénszarvas

dam

gát

wind turbine

szélturbina

solar panel

napelem

climate

éghajlat

waiter
pincér

menu
menü

chair
szék

soup
leves

pizza
pizza

cutlery
evőeszköz

tablecloth
terítő

starter
előétel

main course
főétel

dessert
desszert

drinks
italok

food
étel

bottle
üveg

fast food

gyorsétel

street food

gyorsétel

teapot

teás kanna

sugar bowl

cukortartó

portion

adag

espresso machine

eszpresszógép

high chair

bárszék

bill

számla

tray

tálca

knife

kés

fork

villa

spoon

kanál

teaspoon

teáskanál

serviette

szalvéta

glass

pohár

plate

tányér

soup plate

leveses tányér

saucer

csészealj

sauce

szósz

salt pot

sószóró

pepper mill

borsörlő

vinegar

ecet

oil

étkezési olaj

spices

fűszerek

ketchup

ketchup

mustard

mustár

mayonnaise

majonéz

special offer
különleges ajánlat

customer
ügyfél

dairy
tejtermék

FOR

fruit
gyümölcsök

trolley
bevásárló kocsi

butcher's

hentes

baker's

pékség

weigh

nyom valamennyit

vegetables

zöldség

meat

hús

frozen food

fagyasztott áru

cold meat

felvágott

tinned food

konzerv

washing powder

mosópor

sweets

édességek

household products

háztartási termék

cleaning products

tisztítószerek

salesperson

eladó

till

pénztárgép

cashier

eladó

shopping list

bevásárló lista

opening hours

nyitva tartás

wallet

levéltárca

credit card

hitelkártya

bag

zacskó

plastic bag

műanyag zacskó

water
víz

juice
gyümölcslé

milk
tej

coke
kóla

wine
bor

beer
sör

alcohol
alkohol

cocoa
kakaó

tea
tea

coffee
kávé

espresso
eszpresszó

cappuccino
kapucsínó

banana

banán

apple

alma

orange

narancs

melon

sárgadinnye

lemon

citrom

carrot

sárgarépa

garlic

fokhagyma

bamboo

bambusz

onion

hagyma

mushroom

gomba

nuts

magvak

noodles

nokedli

spaghetti

spagetti

rice

rizs

salad

saláta

chips

sült krumpli

fried potatoes

sült burgonya

pizza

pizza

hamburger

hamburger

sandwich

szendvics

cutlet

hússzelet

ham

sonka

salami

szalámi

sausage

kolbász

chicken

csirke

roast

pecsenye

fish

hal

porridge oats

zabkása

muesli

müzli

cornflakes

kukoricapehely

flour

liszt

croissant

croissant

bread roll

zsemle

bread

kenyér

toast

pirítós kenyér

biscuits

keksz

butter

vaj

curd

túró

cake

sütemény

egg

tojás

fried egg

tükörtojás

cheese

sajt

ice cream

jégkrém

sugar

cukor

honey

méz

jam

lekvár

chocolate spread

mogyorókrém

curry

curry

farmhouse
parasztház

straw bale
szalmakazal

barn
pajta

field
mező

horse
ló

trailer
vontató

foal
csikó

tractor
traktor

donkey
szamár

lamb
bárány

sheep
juh

goat

kecske

cow

tehén

calf

borjú

pig

malac

piglet

kismalac

bull

bika

goose

liba

duck

kacsa

chick

csibe

hen

tojó

cock

kakas

rat

patkány

cat

macska

mouse

egér

ox

ökör

dog

kutya

doghouse

kutyaház

garden hose

kerti öntözőcső

watering can

öntözőkanna

scythe

kasza

plough

eke

sickle

sarló

hoe

kapa

pitchfork

vasvilla

axe

fejsze

wheelbarrow

talicska

trough

teknő

milk can

tejes kancsó

sack

zsák

fence

kerítés

stable

istálló

greenhouse

üvegház

soil

talaj

seed

vetőmag

fertilizer

trágya

combine harvester

cséplőgép

harvest

szüretelni

harvest

betakarítás

yams

yamgyökér

wheat

búza

soy

szója

potato

burgonya

corn

kukorica

rapeseed

repcemag

fruit tree

gyümölcsfa

cassava

manióka

cereals

gabona

farm - gazdálkodás

chimney
kémény

roof
tetö

drainpipe
eresz

window
ablak

garage
garázs

doorbell
ajtócsengő

door
ajtó

rubbish bin
szemetes

letterbox
postaláda

garden
kert

living room

nappali

bathroom

fürdőszoba

kitchen

konyha

bedroom

hálószoba

child's room

gyerekszoba

dining room

ebédlő

floor

padló

wall

fal

ceiling

plafon

cellar

pince

sauna

szauna

balcony

erkély

terrace

terasz

pool

medence

lawn mower

fűnyíró

sheet

lepedő

bedspread

ágytakaró

bed

ágy

broom

seprű

bucket

vödör

switch

kapcsoló

wallpaper
tapéta

picture
kép

lamp
lámpa

shelf
polc

cupboard
szekrény

fireplace
kandalló

television
televízió

flower
virág

cushion
párna

vase
váza

sofa
kanapé

remote control
távirányító

carpet

szőnyeg

curtain

függöny

table

asztal

chair

szék

rocking chair

hintaszék

armchair

karosszék

book

könyv

blanket

takaró

decoration

dekoráció

firewood

tűzifa

film

film

hi-fi equipment

hifi

key

kulcs

newspaper

újság

painting

festmény

poster

poszter

radio

rádió

notepad

jegyzetfüzet

hoover

porszívó

cactus

kaktusz

candle

gyertya

fridge
hűtőgép

microwave oven
mikrohullámú sütő

kitchen scales
konyhai mérleg

toaster
kenyérpirító

detergent
tisztítószer

oven
tűzhely

freezer
fagyasztó

rubbish bin
szemetes

dishwasher
mosogatógép

cooker

tűzhely

pot

edény

cast-iron pot

vasfazék

wok / kadai

wok / kadai

pan

serpenyő

kettle

vízforraló

steamer

pároló

baking tray

tepsi

crockery

étkészlet

mug

bögre

bowl

tálka

chopsticks

evőpálcika

ladle

merőkanál

spatula

keverőlapátka

whisk

habverő

strainer

szűrő

sieve

szita

grater

reszelő

mortar

mozsár

barbecue

grillsütő

open fire

kandalló

chopping board

vágódeszka

rolling pin

sodrófa

corkscrew

dugóhúzó

can

doboz

can opener

konzervnyitó

pot holder

edényfogó

sink

mosogató

brush

kefe

sponge

szivacs

blender

turmixgép

deep freezer

mélyhűtő

baby bottle

cumisüveg

tap

csap

heating
fűtés

shower
zuhany

towel
törölköző

shower curtain
zuhanyfüggöny

bubble bath
habfürdő

bathtub
kád

glass
pohár

washing machine
mosógép

tap
csap

tiles
csempe

potty
bili

sink
mosogató

toilet
toalett

squat toilet
guggolós toalett

bidet
bidé

urinal
piszoár

toilet paper
toalett papír

toilet brush
wc kefe

toothbrush

fogkefe

toothpaste

fogkrém

dental floss

fogselyem

wash

mosni

handheld shower

kézi zuhany

douche

intimzuhany

basin

mosdótál

back brush

hátmosó kefe

soap

szappan

shower gel

tusfürdő

shampoo

sampon

flannel

mosdókesztyű

drain

lefolyó

cream

krém

deodorant

dezodor

mirror

tükör

hand mirror

kézitükör

razor

borotva

shaving foam

borotvahab

aftershave

borotválkozás utáni
arcszesz

comb

fésű

brush

hajkefe

hair dryer

hajszárító

hairspray

hajlakk

makeup

smink

lipstick

ajakrúzs

nail varnish

körömlakk

cotton wool

vatta

nail scissors

körömvágó olló

perfume

parfüm

washbag

neszesszer

stool

sámli

weighing scale

mérleg

bathrobe

köntös

rubber gloves

gumikesztyű

tampon

tampon

sanitary towel

egészségügyi betét

chemical toilet

vegyi WC

alarm clock
ébresztő óra

cuddly toy
plüssállat

toy car
játékautó

rattle
csörgő

doll's house
babaház

present
ajándék

balloon

lufi

bed

ágy

pram

babakocsi

deck of cards

kártyapakli

jigsaw

kirakós játék

comic

képregény

lego bricks

építőkockák

building blocks

építőelem

action figure

szuperhős

babygrow

rugdalózó

Frisbee

frizbi

mobile

zenélő forgó

board game

társasjáték

dice

kocka

model train set

modellvasút

dummy

cumi

party

zsúr

picture book

képeskönyv

ball

labda

doll

baba

play

játszani

sandpit

homokozó

swing

hinta

toys

játékok

video game console

videójáték konzol

tricycle

tricikli

teddy bear

teddi maci

wardrobe

ruhásszekrény

clothing

ruházat

socks

zokni

stockings

harisnya

tights

harisnyanadrág

scarf
sál

belt
öv

umbrella
esernyő

t-shirt
póló

boots
csizma

slippers
papucs

trainers
tornacipő

sandals	shoes	rubber boots
szandál	cipő	gumicsizma

underpants	bra	vest
alsónadrág	melltartó	mellény

body
body

trousers
nadrág

jeans
farmer

skirt
szoknya

blouse
blúz

shirt
ing

pullover
pulóver

hoodie
kapucnis pulóver

blazer
blézer

jacket
dzseki

coat
kabát

raincoat
esőkabát

costume
kosztüm

dress
ruha

wedding dress
esküvői ruha

suit

öltöny

nightgown

hálóing

pyjamas

pizsama

sari

szári

headscarf

fejkendő

turban

turbán

burqa

burka

kaftan

kaftán

abaya

abaya

swimsuit

fürdőruha

trunks

fürdőnadrág

shorts

rövidnadrág

tracksuit

tréningruha

apron

kötény

gloves

kesztyü

button

gomb

glasses

szemüveg

bracelet

karkötő

necklace

nyaklánc

ring

gyürü

earring

fülbevaló

cap

sapka

coat hanger

vállfa

hat

kalap

tie

nyakkendö

zip

cipzár

helmet

bukósisak

braces

nadrágtartó

school uniform

iskolai egyenruha

uniform

egyenruha

bib

előke

dummy

cumi

nappy

pelenka

server
szerver

filing cabinet
irattartó szekrény

printer
nyomtató

monitor
képernyő

paper
papír

mouse
egér

desk
íróasztal

folder
mappa

keyboard
billentyűzet

chair
szék

waste-paper basket
papír-hulladék gyűjtő

computer
számítógép

coffee mug

kávéscsésze

calculator

számológép

internet

internet

laptop

laptop

letter

levél

message

üzenet

mobile

mobiltelefon

network

hálózat

photocopier

fénymásoló

software

szoftver

telephone

telefon

plug socket

konnektor

fax machine

faxgép

form

formanyomtatvány

document

dokumentum

buy

venni

pay

fizetni

trade

kereskedni

money

pénz

dollar

dollár

euro

euró

yen

jen

rouble

rubel

Swiss franc

svájci frank

renminbi yuan

kínai jüan

rupee

rúpia

cashpoint

bankautomata

bureau de change

valutaváltó iroda

gold

arany

silver

ezüst

oil

olaj

energy

energia

price

ár

contract

szerződés

tax

adó

stock

részvény

work

dolgozni

employee

munkavállaló

employer

munkaadó

factory

gyár

shop

üzlet

economy - gazdaság

police officer
rendőr

fireman
tűzoltó

pilot
pilóta

cook
szakács

doctor
orvos

gardener

kertész

carpenter

kárpitos

seamstress

varrónő

judge

bíró

chemist

vegyész

actor

színész

bus driver

buszsofőr

taxi driver

taxisofőr

fisherman

halász

cleaning lady

bejárónő

roofer

tetőfedő

waiter

pincér

hunter

vadász

painter

festö

baker

pék

electrician

villanyszerelő

builder

építőmunkás

engineer

mérnök

butcher

hentes

plumber

vízvezeték-szerelő

postman

postás

soldier

katona

architect

építész

cashier

eladó

florist

virágos

hairdresser

fodrász

conductor

kalauz

mechanic

műszerész

captain

kapitány

dentist

fogorvos

scientist

tudós

rabbi

rabbi

imam

imám

monk

szerzetes

clergyman

lelkész

hammer
kalapács

pliers
fogó

screwdriver
csavarhúzó

spanner
csavarkulcs

torch
elemlámpa

digger
markológép

toolbox
szerszámosláda

ladder
vödör

saw
fűrész

nails
szög

drill
fúrógép

repair

megjavítani

shovel

lapát

Damn!

A francba!

dustpan

szemétlapát

paint pot

festékesdoboz

screws

csavar

musical instruments
hangszerek

drum kit
dobfelszerelés

loudspeaker
hangszóró

guitar
gitár

double bass
nagybőgő

trumpet
trombita

piano

zongora

violin

hegedű

bass

basszusgitár

timpani

üstdob

drums

dobok

keyboard

digitális zongora

saxophone

szaxofon

flute

fuvola

microphone

mikrofon

entrance
bejárat

tiger
tigris

cage
kalitka

zebra
zebra

animal feed
állateledel

panda
panda

animals
állatok

elephant
elefánt

kangaroo
kenguru

rhino
orrszarvú

gorilla
gorilla

bear
medve

camel

teve

ostrich

strucc

lion

oroszlán

monkey

majom

flamingo

flamingó

parrot

papagáj

polar bear

jegesmedve

penguin

pingvin

shark

cápa

peacock

páva

snake

kígyó

crocodile

krokodil

zookeeper

állatgondozó

seal

fóka

jaguar

jaguár

pony

póniló

leopard

leopárd

hippo

víziló

giraffe

zsiráf

eagle

sas

boar

vaddisznó

fish

hal

turtle

teknős

walrus

rozmár

fox

róka

gazelle

gazella

sports

sportok

American football
amerikai futball

cycling
kerékpározás

tennis
tenisz

basketball
kosárlabda

swimming
úszás

boxing
boksz

ice hockey
jégkorong

football
futball

badminton
tollas

athletics
atlétika

handball
kézilabda

skiing
síelés

polo
lovaspóló

laugh
nevetni

jump
ugrani

hug
ölelni

walk
sétálni

sing
énekelni

dream
álmodni

pray
dicsérni

kiss
csókolni

write	draw	show
írni	rajzolni	mutatni

push	give	take
tolni	adni	vinni

have

birtokolni

do

csinálni

be

lenni

stand

állni

run

futni

pull

húzni

throw

hajít

fall

esni

lie

hazudni

wait

várni

carry

vinni

sit

ülni

get dressed

felvenni

sleep

aludni

wake up

felébredni

activities - tevékenységek

look at

ránézni

cry

sírni

stroke

simogat

comb

fésülni

talk

beszélni

understand

megérteni

ask

kérdezni

listen

hallgatni

drink

inni

eat

enni

tidy up

takarítani

love

szeretni

cook

főzni

drive

vezetni

fly

szállni

sail

vitorlázni

calculate

számol

read

olvasni

learn

tanulni

work

dolgozni

marry

házasodni

sew

varrni

brush teeth

fogat mosni

kill

ölni

smoke

dohányozni

send

küldeni

grandmother
nagymama

grandfather
nagypapa

father
apa

mother
anya

baby
kisbaba

daughter
lány

son
fiú

guest

vendég

aunt

nagynéni

uncle

nagybácsi

brother

fiútestvér

sister

lánytestvér

forehead
homlok

eye
szem

shoulder
váll

finger
ujj

face
arc

chin
áll

hand
kéz

breast
mell

leg
láb

arm
kar

baby

kisbaba

man

ember

woman

nő

girl

lány

boy

fiú

head

fej

back

hát

belly

has

belly button

köldök

toe

lábujj

heel

sarok

bone

csont

hip

csípő

knee

térd

elbow

könyök

nose

orr

bottom

fenék

skin

bőr

cheek

orca

ear

fül

lip

ajak

mouth

száj

tooth

fog

tongue

nyelv

brain

agy

heart

szív

muscle

izom

lung

tüdő

liver

máj

stomach

gyomor

kidneys

vese

sex

szex

condom

kondom

ovum

petesejt

semen

sperma

pregnancy

terhesség

menstruation

menstruáció

vagina

vagina

penis

pénisz

eyebrow

szemöldök

hair

haj

neck

nyak

hospital
kórház

ambulance
mentőautó

wheelchair
kerekesszék

fracture
törés

doctor

orvos

emergency room

sürgősségi osztály

nurse

ápoló

emergency

vészhelyzet

unconscious

eszméletlen

pain

fájdalom

injury

sérülés

bleeding

vérzés

heart attack

szívroham

stroke

szélütés

allergy

allergia

cough

köhögés

fever

láz

flu

influenza

diarrhoea

hasmenés

headache

fejfájás

cancer

rák

diabetes

cukorbetegség

surgeon

sebész

scalpel

szike

operation

műtét

CT
CT

x-ray
röntgen

ultrasound
ultrahang

face mask
arcmaszk

disease
betegség

waiting room
váróterem

crutch
mankó

plaster
sebtapasz

bandage
kötszer

injection
injekció

stethoscope
sztetoszkóp

stretcher
hordágy

clinical thermometer
klinikai hőmérő

birth
születés

overweight
túlsúly

hearing aid

hallókészülék

disinfectant

fertőtlenítőszer

infection

fertőzés

virus

vírus

HIV / AIDS

HIV/AIDS

medicine

orvosság

vaccination

oltás

tablets

tabletták

pill

tabletta

emergency call

sürgősségi hívás

blood pressure monitor

vérnyomásmérő

ill / healthy

betegség / egészség

Help!

Segítség!

alarm

riasztás

assault

rajtaütés

attack

támadás

danger

veszély

emergency exit

vészkijárat

Fire!

tűz!

fire extinguisher

tűzoltókészülék

accident

baleset

first-aid kit

elsősegélycsomag

SOS

SOS

police

rendőrség

Europe

Európa

North America

Észak-Amerika

South America

Dél-Amerika

Africa

Afrika

Asia

Ázsia

Australia

Ausztrália

Atlantic

Atlanti-óceán

Pacific

Csendes-óceán

Indian Ocean

Indiai-óceán

Antarctic Ocean

Déli-óceán

Arctic Ocean

Jeges-tenger

North Pole

Északi-sark

South Pole

Déli-sark

Antarctica

Antarktisz

Earth

föld

land

szárazföld

sea

tenger

island

sziget

nation

nemzet

state

állam

clock face

számlap

hour hand

kismutató

minute hand

nagymutató

second hand

másodpercmutató

What time is it?

Mennyi az idő?

day

nap

time

idő

now

most

digital watch

digitális óra

minute

perc

hour

óra

week

hét

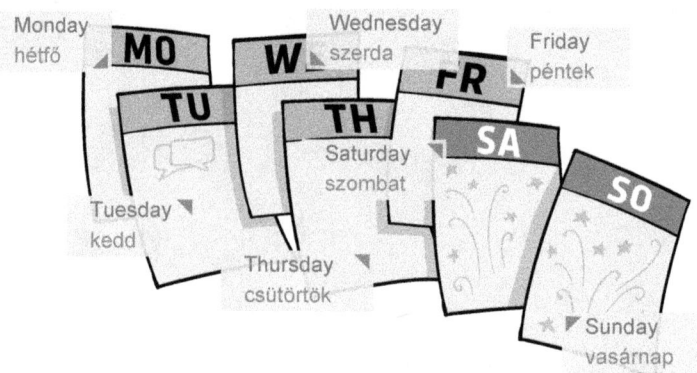

Monday / hétfő
Tuesday / kedd
Wednesday / szerda
Thursday / csütörtök
Friday / péntek
Saturday / szombat
Sunday / vasárnap

yesterday

tegnap

today

ma

tomorrow

holnap

morning

reggel

noon

dél

evening

este

business days

hétköznap

weekend

hétvége

rain
eső

rainbow
szivárvány

snow
hó

wind
szél

spring
tavasz

autumn
ősz

summer
nyár

winter
tél

4.APRIL	11°	☀
5.APRIL	4°	
6.APRIL	13°	
7.APRIL	8°	☀
8.APRIL	10°	☀

weather forecast

thermometer

sunshine

időjárás előrejelzés

hőmérő

napsütés

cloud

fog

humidity

felhő

köd

páratartalom

lightning

villámlás

thunder

mennydörgés

storm

vihar

hail

jégeső

monsoon

monszun

flood

áradás

ice

jég

January

január

February

február

March

március

April

április

May

május

June

június

July

július

August

augusztus

September
....
szeptember

October
....
október

November
....
november

December
....
december

circle
....
kör

square
....
négyzet

rectangle
....
téglalap

triangle
....
háromszög

sphere
....
gömb

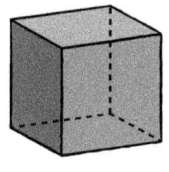

cube
....
kocka

colours

színek

white
....
fehér

yellow
....
sárga

orange
....
narancs

pink
....
rózsaszín

red
....
piros

purple
....
lila

blue
....
kék

green
....
zöld

brown
....
barna

grey
....
szürke

black
....
fekete

colours - színek

a lot / a little

sok / kevés

angry / calm

mérges / nyugodt

beautiful / ugly

szép / csúnya

beginning / end

kezdet / vég

big / small

nagy / kicsi

bright / dark

világos / sötét

brother / sister

fivér / növér

clean / dirty

tiszta / koszos

complete / incomplete

teljes / nem teljes

day / night

nappal / éjszaka

dead / alive

halott / élő

wide / narrow

széles / keskeny

edible / inedible

ehető / nem ehető

evil / kind

gonosz / kedves

excited / bored

izgatott / unott

fat / thin

kövér / vékony

first / last

első / utolsó

friend / enemy

barát / ellenség

full / empty

teli / üres

hard / soft

kemény / puha

heavy / light

nehéz / könnyű

hunger / thirst

éhség / szomjúság

ill / healthy

betegség / egészség

illegal / legal

illegális / legális

intelligent / stupid

intelligens / buta

left / right

bal / jobb

near / far

közel / távol

new / used

új / használt

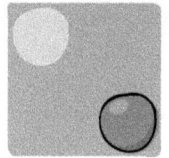

nothing / something

semmi / valami

old / young

idős / fiatal

on / off

be / ki

open / closed

nyitva / zárva

quiet / loud

csendes / hangos

rich / poor

gazdag / szegény

right / wrong

helyes / helytelen

rough / smooth

érdes / sima

sad / happy

szomorú / vidám

short / long

rövid / hosszú

slow / fast

lassú / gyors

wet / dry

nedves / száraz

warm / cool

meleg / hideg

war / peace

háború / béke

numbers

számok

0	**1**	**2**
zero	one	two
nulla	egy	kettő

3	**4**	**5**
three	four	five
három	négy	öt

6	**7**	**8**
six	seven	eight
hat	hét	nyolc

9	**10**	**11**
nine	ten	eleven
kilenc	tíz	tizenegy

12

twelve

tizenkettő

13

thirteen

tizenhárom

14

fourteen

tizennégy

15

fifteen

tizenöt

16

sixteen

tizenhat

17

seventeen

tizenhét

18

eighteen

tizennyolc

19

nineteen

tizenkilenc

20

twenty

húsz

100

hundred

száz

1.000

thousand

ezer

1.000.000

million

millió

numbers - számok

English

angol

American English

amerikai angol

Chinese Mandarin

mandarin kínai

Hindi

hindi

Spanish

spanyol

French

francia

Arabic

arab

Russian

orosz

Portuguese

portugál

Bengali

bengáli

German

német

Japanese

japán

I

én

you

te

he / she / it

ö

we

mi

you

ti

they

ők

who?

ki?

what?

mi?

how?

hogyan?

where?

hol?

when?

mikor?

name

név

behind

mögött

in

benne

in front of

elötte

over

felette

on

rajta

under

alatta

beside

mellett

between

között

place

hely

CPSIA information can be obtained
at www.ICGtesting.com
Printed in the USA
LVHW050420300920
667478LV00005B/716